Naiem Ahmadinejadfarsangi

Yusuf Elahi místico de Kerman

AF548950

Naiem Ahmadinejadfarsangi

Yusuf Elahi místico de Kerman

Yusuf Elahi místico de Kerman

JustFiction Edition

Imprint

Any brand names and product names mentioned in this book are subject to trademark, brand or patent protection and are trademarks or registered trademarks of their respective holders. The use of brand names, product names, common names, trade names, product descriptions etc. even without a particular marking in this work is in no way to be construed to mean that such names may be regarded as unrestricted in respect of trademark and brand protection legislation and could thus be used by anyone.

Cover image: www.ingimage.com

Publisher:
JustFiction! Edition
is a trademark of
Dodo Books Indian Ocean Ltd. and OmniScriptum S.R.L Publishing group
Str. Armeneasca 28/1, office 1, Chisinau-2012, Republic of Moldova, Europe
Printed at: see last page
ISBN: 978-613-9-42557-0

Copyright © Naiem Ahmadinejadfarsangi
Copyright © 2022 Dodo Books Indian Ocean Ltd. and OmniScriptum S.R.L Publishing group

Yusuf Elahi místico de Kerman

Naiem ahmadinejadfarsangi

Table of Contents

¿Quién es el mártir Yusuf Elahi, el camarada del Hajj Qassem Soleimani?

Creció en una familia cultural, y todos sus hijos conocieron el Islam y el Corán al asistir a mezquitas y reuniones religiosas desde su infancia, y el gran interés y la profunda conexión del mártir Muhammad Hossein Yusuf Elahi con Nahj al-Balagheh fue arraigado también en esta época. Durante la guerra Irán-Irak, el mártir Mohammad Hossein Yusuf Elahi participó activamente en el 41º ejército de Tharullah y en la unidad de inteligencia y operaciones, y más tarde fue elegido subcomandante de esta unidad. Este honorable mártir resultó gravemente herido en cinco ocasiones durante la guerra impuesta y finalmente fue martirizado en la operación Wal-

Fajr Hasht el 27 de Bahman de 1364 debido a las heridas provocadas por bombas químicas en el Hospital Labafinejad de Teherán.

Características del mártir Muhammad Hossein Yusuf Elahi

Dicen los compañeros de este honorable mártir; Hossein era uno de los místicos del frente y rezaba las más bellas oraciones nocturnas, pero nadie lo veía, era amigo de Dios y resolvía los problemas con las inspiraciones que le llegaban, había llegado a la etapa de certeza y había quitado las cortinas del hiyab.

El mártir Muhammad Hossein Yusuf Elahi es considerado un místico que ha superado el nivel de perfección de Dios, y apenas hay un guerrero que haya vivido con Muhammad Hossein durante algún tiempo, pero que no tenga un recuerdo de su conducta y virtudes espirituales. Es un ejemplo de buscadores y místicos que, según el Imam Khomeini (RA), recorrió un viaje de cien años en una noche e hizo que los ojos de todos los ancianos y ancianos anhelaran el camino del misticismo, una gota de su interminable mar.

El mártir general Hajj Qassem Soleimani dijo sobre el martirio de Hossein Yusuf Elahi: Cuando estaban en la sala de operaciones, el enemigo lanzó un ataque químico en la operación Wal-Fajr, sacó a sus compañeros de la trinchera y fue martirizado. Describió además a este mártir y dijo que me gustaría que me enterraran junto a él después de la muerte. Según una cita del mártir general Haj Qasim Soleimani, dijo eso; Me gustaría que me enterraras junto a él después de la muerte. En sus memorias con este noble mártir, el mayor general Soleimani dice: Un día íbamos a Abadan con Hossein.

Teníamos una gran operación por delante. Algunos de los trabajos anteriores no se realizaron con éxito y por otro lado, nuestra última operación fue cancelada. Me encontraba muy molesto. Le dije a Hossein: Hicimos varias operaciones, pero ninguna fue tan exitosa como debería haber sido. Este no funciona como los otros. Él dijo: ¿Para qué? Dije: porque esta operación es muy difícil y no creo que tengamos éxito. Él dijo: Por cierto, somos exitosos y victoriosos en este trabajo. Dije: Hossein, estás loco. En las operaciones que eran tan fáciles y no tuvimos problemas, no pudimos hacer nada, luego en esta, la situación es completamente diferente y es más difícil que todas. ¡Tendremos éxito!

Las oraciones de Yusuf Elahi

Primero

¡Dios! ¡¿En qué dirección debo levantar mis manos, que están siempre por encima de mi oración, excepto a tu puerta!?

¿Para quién debo tocar la música de mi existencia sino para ti y con qué fuego debo quemar mi corazón sino para tu amor?

¿¡A qué horizonte debo volver mis ojos sino a tu esperanza, y con qué canto debo escuchar mi alma sino a tu voz!?

¡Dios! Verdes azotados por la lluvia, anémonas calientes, árboles recién nacidos y cantos ebrios, todos ellos, son versos radiantes que elevan aún más el techo de tu grandeza y ensalzan aún más tu naturaleza incomparable.

Cada pedacito de rayo de tu esencia, representando todo y todo es insignificante comparado con tu grandeza; Así que derrama tu misericordia sobre nosotros, aunque sea pequeña.

Tú eres quien hiciste fluir tu corriente desde la tierra de tu amor hasta el mar de tu infinita misericordia y nos mostraste el horizonte de tu dignidad; Así que no nos hagas cautivos del calor ardiente de tu ira.

El producto de mis lágrimas es el crecimiento de la esperanza en mis ojos siempre expectantes; No dejes que esta esperanza desaparezca de mi corazón roto y que mi sueño se cierre.

¡Oh esperanza de los esperanzados! Sopla el soplo de mi alma con una brisa del cielo y llena la joya de mi alma con la claridad de tu sabiduría.

¡Dios! Mi ausencia es suficiente; ¡Quiero ser y gritar que te amo! Detrás de la oscuridad del espacio, en la estrechez del tiempo y desde la alta cumbre de su oración, déjame gritar más fuerte mi vanidad y la grandeza de tu nombre.

Quiero romper las vallas y gritar lo que no he dicho. Quiero estar agradecido por las bendiciones no solicitadas e incluso cumplir deseos invisibles.

¡Dios! Inferior a mi pinchazo, pero mi inferioridad nunca me hará malo; Por lo tanto, no es digno de aquel a quien llamaste la mejor de sus creaciones.

Todo el mundo dice que la piedra es símbolo de paciencia y resistencia; Quisiera ser una piedra para nunca perder la paciencia y nunca cometer una blasfemia.

¡Dios! Cuando levante mis manos hacia tu inmensidad, caerá el polvo del olvido de mis pecados y la luz de la misericordia caerá sobre mis anhelos; Haz que la flor de tu amor florezca en mi corazón más que nunca. ¡Oh Dios puro e incomparable! ¡Oh único Yazdan!

Segundo

¡Dios, el más poderoso, cuyo poder es eterno y cuyo cuidado es eterno!

Concede la fuerza de mis manos con alegría, la pureza de mi alma, la altura de mi mirada con frescura, la honestidad de mi corazón con salud, y el altar de mi corazón con la pasión de la adoración.

Oh Dios, eres único en esencia e incomparable en atributos; Tu soledad es un signo de fortaleza y tu fuerza es un signo de grandeza.

Dios, el perdón es tu intención y el perdón es tu nombre.

Oh Dios, tú eres nuestro mediador y nuestra causa y nuestras manos son las que buscan el capital; ¡Ya sea de día o de noche!

Dios, por la bendición de las manos que siembran y cosechan

En honor a las manos que se esfuerzan y construyen

A la grandeza de las manos que piensan y escriben

A la honestidad de las manos que marcan el pergamino de la salud humana

Tan anchas como las manos que desprenden olor a pan, olor a amor y fragancia a bondad

Y a la infalibilidad de las manos bondadosas e íntimas de las madres,

¡Llena mi corazón de tu amor celestial, que la vida sin tu amor no es nada y el estar sin tu recuerdo es vacío!

Oh Dios, todos los seres han surgido de ti y tú eres la causa de todos los seres;

¡Divino! (primera mañana de la semana) es; ¡Los corazones comienzan con tu recuerdo y las manos con tu nombre! (Oh, tu nombre es el major.

Haz de hoy el comienzo de un buen movimiento en el camino del servicio.

Haz que nuestras mesas estén llenas de bendiciones, nuestros caminos seguros y protegidos, nuestras manos fuertes, nuestro sustento lícito y nuestros corazones amables unos con otros.

¡Dios, tú eres el creador!

Ilumínanos con la luz del servicio a tus siervos.

¡Dios!

Poner nuestras manos para ayudar a los necesitados y desempleados y poner nuestra capacidad en el camino de servir a la gente

-Llena nuestros corazones de fe y conocimiento y llena nuestros ojos de amor

¡Divino!

El ciclo de la vida sería imposible sin confiar en tu poder eterno y nuestro futuro sería incierto sin la apreciación de tu bondad.

¡Haz que nuestro corazón se sujete a la abundancia de tu memoria y llena nuestra vida con la fragancia de tu gracia!

¡Por el amor de Muhammad Mustafa, que Dios lo bendiga y le conceda paz, y a su familia elegida y pura, la más indulgente de los indulgentes y la más misericordiosa de los misericordiosos!

Tercero

¡Dios! ¿Detrás de qué muro derrumbado estoy parado? ¿Dónde está mi voz haciendo eco en el cielo? Zapatos errantes en mis pies, mis manos necesitadas hacia el azul infinito de tu bondad, la bolsa del accidente en mi hombro, camino hacia ninguna parte.

¿Dónde está la linterna para quemar a ciegas mis noches oscuras?

Me pierdo en la multitud de los pecados, camino en una densa oscuridad; ¿Qué lado está frente a ti? ¿Qué sol pondrá patas arriba mi oscuridad?

La voz resuena en el vestíbulo de mi nublada garganta (ya sea santa o misericordiosa), mi aire se satura de tu fragancia, las tinieblas se rompen, el aire se llena de luz, mis pasos son rápidos; Vuelo como una paloma hacia ti.

Tengo que atravesar la tierra, ¿qué tipo de atracción me hará perderme?

camino hacia ti, dejo mi soledad, nazco de la certeza

Las palabras saltan como una fuente del círculo de mi mente, un rosario de la aurora (Gloria a Dios), mi mirada explora las profundidades de alcanzar.

¿Este camino seguirá hasta qué horizonte infinito?

Ya Latif, Arham Abdak al-Zaif

Conoces mi voz, olvido mi muerte. Atravieso la tierra con tu ayuda, cuya bondad no tiene fin.

que tu servidumbre es eterna.

lleno estoy de ti y vacío de mí mismo, bato mis alas hacia el sol; Incluso en válvulas cerradas.

De alas ligeras, como un polvillo, en la brisa repentina de tu recuerdo; Me pierdo en los colores y las luces.

(Oh dentro de mi alma y alma inconsciente de ti), no perteneciente a la tierra, el cielo me llama.

Dios, toma mis manos, te necesito extrañamente, que este es el principio de la servidumbre y tu gracia es el principio de Dios.

Cuatro

¡Dios! Aquellos que te han entregado su corazón han encontrado una amistad amable y amorosa. Los que en ti confían, su esperanza se asienta sobre un fundamento sólido. Tú eres el que sabe de su presencia y ocultamiento, y ves la confusión de la gente enojada más claramente que ellos.

¡Divino!

Eres amigo y ayudante del más solitario de tus servidores, y el más desvalido de ellos encuentra paz en el cerco seguro de tu memoria.

Si mis familiares más cercanos me dejan, eres el único que se queda conmigo en momentos llenos de preocupación y ansiedad.

Confiar en ti es el apoyo más seguro.

¡Dios! Si estoy molesto e inquieto, si mis viejas heridas ya no cicatrizan, si mi mente está preocupada y mi casa está nublada, tú eres el único que sabe todo esto y traes el sol de tu misericordia a mis días más oscuros.

¡Dios!

¿A qué río debo dejar mis lágrimas de anhelo sino a la corriente de tu bondad? Con qué pecho puedo expresar este corazón atascado, sino con la extensión infinita de tu amistad, que conoce mis dolores más claramente que nadie y conoce los secretos azules dentro de mí.

¡Caballero!

¡Ponme en los brazos de tu bondad!

Mi corazón nunca te olvidará

Incluso si muere, su amor por ti no dejará su corazón.

el quinto

Dios, te llamo; Tú, el mejor de los momentos vividos,

Pasas las páginas de mi libro del destino.

Oh Dios, el sol de la certeza en ti es el rayo de las sombras de mis dudas.

En mis momentos románticos, en mis oraciones místicas, en mis susurros nocturnos, cuando alcanzo la paz, mis momentos fluyen con olor a buena presencia; La presencia verde está contigo.

Cuando tu brisa divina sopla en los callejones de mi fe, refresca mi aliento confiado.

¡Divino!

En la llama de nuestra intercesión, somos una mariposa con alas y plumas, y buscamos tu perdón.

¡Divino!

Cada vez que la marea alta de tu dignidad fluye en el río de mi perdición, me lleva al mar profundo de tu saber.

¡Oh Dios misericordioso!

Sé la luz de los momentos de nuestra vida para que nunca nos perdamos en los callejones oscuros de nuestro ego.

el sexto

Un ala ancha es mi eterno descanso, oh Señor de los cielos, y cada vez que te recuerdo, extraño el cielo y el recuerdo de las palomas blancas de alas ligeras se apodera de mi corazón.

Miro mis pies, cómo me han llevado cautivo en el pantano de mis lazos terrenales, y mis manos, que están abrazadas por el mundo y no saben las alas del vuelo.

Oh, la mirada misericordiosa del mar, me atraes al palacio de tu misericordia con mil excusas, me cantas versos de esperanza y vuelves para que me entregue a las olas de tu bondad y lave todas las impurezas en tu pureza eterna; Pero he construido una jaula tan ancha como mi vida en el caparazón imaginario del mundo, que me llama al mar de tu gracia por más olas que perdones, mi corazón cautivo no sale de ese caparazón imaginario para entenderte para convertirte en un mar.

Oh, la felicidad eterna más primaveral, los capullos de tu conocimiento han creado primavera en cada corazón que ha tocado, y la lluvia de tu amor y bondad ha creado un jardín de flores en cada alma que ha llovido.

Como tu mirada solar me llama a migrar del invierno, la semilla fría de mi corazón, atada por la escarcha desatendida y no levanta la cabeza de la negrura del suelo para abrazarte por una primavera celestial.

¿Qué debo hacer con todo este cautiverio y dependencia?

¿Qué debo hacer con estas jaulas anidadas que he construido para mí durante toda una vida y ahora me he convertido en una presa para mí mismo en las redes enredadas del mundo?

Oh, el cielo sublime de tu dignidad, la sombra sobre todos los habitantes de la tierra es ancha y el mar sin límites de tu misericordia es tan ancho como las necesidades de todos los universos sin límites.

¡Oh primavera de los inviernos más polares del olvido y la ignorancia, encuéntrame!

Lleva mi mano a las alas del vuelo, el vínculo celestial de la mujer, y la concha de mi desesperación a la gema del perdón, para que el brote helado de mi alma encuentre el manantial de tu sabiduría y amor, y te recuerde en este oeste sin sol.

¡Oh, tu extensión al infinito y tu atención a lo pequeño y lo grande, fuente de esperanza y felicidad, encuéntrame!

el séptimo

Gracias a ti, bondadoso creador, creí en ti para alcanzar la luz desde las tinieblas.

Dios, a tu Dios, ayúdame a someterme a tu voluntad con fe firme.

Dios, gracias, que estoy complacido con tu juicio;

Gracias a ti, que conoces las maldades de tus siervos y las cubres y las perdonas.

Por Dios, te pido perdón por tu amplio conocimiento.

Dios, tengo miedo del día en que ni siquiera una brisa acepte mi voz.

¡Señor, tú eres Sami Alimi! Ten misericordia de mi siervo y ábrenos la puerta de tu misericordia; ¡Aunque sé que nazco con pecado y grasa corporal, con un pensamiento enfermizo!

Oh mundo, dentro de mi pecho, tengo una pesada carga sobre mis hombros y pobres manos y ojos llenos de lágrimas, llenos de deseo; ¡Descubridor!

¡amado! Ten piedad de un siervo que no puede soportar el calor de tu sol, y mucho menos el fuego de tu infierno

Dios, sin ti:

(Busco refugio de la ira

¿Quién más que tú mira mi trabajo)

Octavo

¡Divino! Todos esperamos que estés a salvo.

Todos los caminos están cerrados y no hay otro camino que tú

Oh Dios, estamos ocupados recordándote y entrando en tu privacidad; Ilumina nuestros corazones con la luz de las oraciones.

Dios, estamos atados a tu estatura

Empezamos con tu nombre.

Solo frente a ti doblamos nuestras espaldas y aplastamos nuestras cabezas contra el suelo para encontrarte; Así que encuéntranos.

Oh necesitado, juzga con nosotros a la vista del perdón que nuestro delgado cuerpo no puede resistir tu justicia.

Oh Dios, bebe el néctar de tu conocimiento para nuestras almas sedientas.

Dios, ayúdanos a abrir nuestros ojos dormidos en el abandono y baña nuestros corazones en el mar de tu misericordia. Ahora que estamos atrapados en la oscuridad de la oscuridad del alma, te pedimos la luz de tu guía; ¿Quién más puede iluminar nuestros corazones?

Oh Allah, acepta nuestro dhikr, la postración y la reverencia con la santidad del dhikr, la postración y la reverencia de los que están cerca de ti.

Señor, empiezo por tu nombre y te encomiendo todo mi trabajo.

¡Dios, tú que nos proteges de todo pecado que provoca las maquinaciones de los enemigos!

De hecho, no hay nada más que la esencia de la unidad de Dios; ¡Tú que eres puro y puro, el más poderoso! Así que responde a mi oración y sálvame del mar de dolores.

¡Oh salvador de los creyentes, sólo tus favores nos bastan!; Eres el mejor abogado.

Dios, si los siervos disfrutan de tu gracia y bondad, ¡no sufrirán ninguna aspereza!

Dios, sólo tus favores me bastan; No la atención de los demás!

¡Solo tú eres mi creador y tú eres el que puede ayudarme, desde las creaciones!

eres tú quien me da el sustento; ¡Sin sostén de familia en tu puerta!

¡Tú eres el Señor de los mundos! Tú que me haces (bastante) de extraños y tus dones son inagotables.

Tú que tomas mis manos; ayudar

¡Oh Dios, que no eres creador excepto tú, siempre he confiado en ti y he puesto mis esperanzas en tus suficientes manos!

Oh, gran poder, te juro por tu glorioso trono, en esta cálida mañana, sé mi ayuda y sostén, y retén la esperanza de salvación, la esperanza de prosperidad, la esperanza de consuelo y paz, y la esperanza de descansar en paraíso de mí y de tus otros fieles servidores. ¡No lo hagas!

¡Divino! Estoy solo sin ti. Todas las puertas del mundo se me cerrarán sin ti.

¡Divino! Mis manos no van más allá de la provincia de vuestra oración; Entonces respóndeme que mis manos no están acostumbradas a necesitar a nadie más que a ti.

¡Divino! Hace años que estoy lejos de ti, me he perdido, no hay pájaros a mi alrededor.

Mis ventanas están bloqueadas por el sol y la luna no sale del porche de mi casa. Soy como un pez angosto que está atrapado en las aguas angostas; Un pececito que está lejos del mar de tu bondad.

¡Divino! ¡Quiero que el techo de mi casa esté lejos del olor de las palomas, quiero que se olviden de mi imagen! ¡Divino! No quieras que me pudra en mi soledad, lejos de tu recuerdo;

Es como si tuvieras un óxido que morirá detrás de un polvo de olvido.

¡Divino! Si eres mi amigo, ¿hacia dónde debo dirigirme? Dondequiera que me dirijo, tu fragancia me llena.

¡Divino! Llena las manos de mi corazón de lluvia de estrellas para que pueda iluminar mis noches oscuras con tu recuerdo.

Hay millas entre tu memoria y yo; Déjame leerte para que pueda estar tan cerca de ti como miles de años solares.

¡Divino! ¡Tú que nunca me olvidas y soy una partícula insignificante frente al sol de tu infinita bondad o luz!

Sumergirme en tu luz absoluta que soy oscuro.

oh misericordioso

¡Divino! Te llamo en los susurros actuales de mi vida, en la lucha constante de mi vida.

¡Divino! Yo soy de ti y vendré a ti. ¿Qué puerta me llevará a ti? ¿Qué susurro me trae a momentos contigo?

Estoy confundido acerca de los segundos de cada día; Asustados y apurados, te buscamos. ¿Quién está ahí para mí sino tú?

Cuando todas las puertas están cerradas, cuando las negras cortinas de la desesperación oscurecen los luminosos horizontes, cuando nadie me llama, sólo te veo a ti.

He rendido mi alma al torrente del manantial de tu gracia, quiero ser claro. Quiero hervir y quitarme el frío interior con el calor de tu adoración.

Dios, ahora, cansado de mí mismo, me uno a ti.

¡Divino! Quiero los corazones más blancos en (Yum Tabli al-Sarayr)

¡llámame!

Cuando Sir Sajjade Niaz, tú y yo estamos solos, solo estoy feliz de que escuches mi voz y nunca te canses de mis dolores.

Cuando estaba abrazado a las rodillas de la tristeza, eras el único que tenía paciencia y escuchaba mis gemidos.

Cuando las furiosas olas de la calamidad se precipitaban hacia mí, fuiste tú quien escuchó mi súplica.

Cuando sufría de una enfermedad, solía refugiarme en el dhikr (o soy el nombre de la medicina y el dhikr de la curación). Cuando me estaba ahogando en el pantano de mis pecados, escuchaste mis gritos de perdón divino y me ayudaste.

Cuando te pedí algo que no era bueno para mí, tú eras el que escuchaba y no respondías sabiamente, y en mis oídos solías cantar ``Asi an tahbbwa shiya wa ho shar'' lakm.

¡Oh Dios, escuchas mi voz! Me gustaría que me llamaras esta vez... ¡llámame!

eres grande

¡Dios mío! Cuán indefensa es tu lengua en la oración y cuán apremiantes son tus lágrimas.

Tú sabes muy bien lo pequeño que soy; tanto que no veo tu grandeza; ¡Así que perdóname tan grande como eres y perdóname en tu humildad!

¡Dios mío! Sé que las violetas conocen tu casa; Sé que las anémonas conocen tu camino y sé cuánto los jazmines se han quitado las camisas de tu fragancia que han hecho el patio de todas las casas digno de comprender tu presencia; ¡Ayúdame a encontrar las señales de tu ser para mí!

¡Dios! Sé que usted es La lluvia también sabe que eres; Tanto es así que su falda está llena de olor a esteras, rosarios y estrellas. Las montañas te ven y los ríos susurran a tu alrededor en la pasión de cada cortina; Pero, ¿cómo puedo leerte?

Estoy de pie, déjame verte; Cuando la grandeza de tu mirada se manifiesta en el pequeño cristal de la lluvia y la elegancia de tu poder se manifiesta en las alas del águila.

¡Dios mío! Si me enseñas la jaula, enséñame a volar.

...y mis ojos están llenos de luz de luna.

...y cuánto te aman mis ojos.

¡Dios mío! ¡Oh, madre de mi mirada y mi única creadora!

Todos los días escucho la música de Elham desde el mar que dice:

¡Dios!

Aquel día que regalaste el alma clara de tu envoltura al cuerpo de mi existencia terrena, existencia llena de luz y de pasión, aquel día que te miré sólo a ti para llevar el camino en el descenso a este abismo y olvidar el dolor de eterna separación.Ese día, con sólo esta esperanza, mis hombros temblorosos llevaron el peso de la confianza que muy pronto se unirá a tu puerta divina.

¡Dios! Anhelaba mi existencia terrenal volver a verte cuando abrió sus ojos al mundo para ser probado; Así que no dejes solo a este ser que está atado a ti.

¡Dios! Mis signos temblorosos y mis pasos temerosos permanecen firmes con tu nombre; No dejes que el orgullo fuera de lugar lo debilite.

¡Dios! En este momento en que todos se han olvidado de volar, ayúdame a no olvidarme de correr.

¡Dios! ¡No dejes que los falsos deseos se burlen del honor de las criaturas!

¡Dios! Ayúdame a nunca olvidar el más allá y no dejarme seducir por las apariencias.

¡Dios! prestarme a mí mismo; Ni siquiera un momento.

¡Dios!

no puedo estar contigo Todos mis momentos están llenos de ti. Tú determinas el florecimiento del semen; Como la primavera que llega y determina cómo florecerá el árbol.

yo soy la imagen, tú eres el espejo; yo soy la lluvia, tú eres el cielo; soy un pez en el río; soy un barco, en el mar; yo soy un árbol, tú eres la primavera; Yo soy una partícula, tú eres el sol.

yo he creado, tú eres el creador; se me permite, en verdad; yo soy pluralidad, tu eres unidad... y yo soy posible, tu eres absoluto...

¿Me expulsarás del cielo? eres mi cielo soy mi propio infierno; Susana Susana; Me convertiré en el cielo si solo estás en mi corazón.

¡Libérame del pensamiento del cielo y del infierno! ¡Sepárame de la carga del Purgatorio! Quiero pensar solo en ti. estar con vosotros y disolverme en vosotros; Como una gota en los océanos del mundo y como una estrella en la galaxia. Sé que no soy digno de hablarte abiertamente así, pero pienso que si no era digno, ¿por qué me llamaste a ti y dijiste: (Llámame para que te responda.(

Eres más grande que el que no oye el dolor de mi corazón y no pone camino delante de mis pies.

¡Dios!

Si me pides que me queme en el fuego, cada pedacito de mi ceniza testificará que te amo, y si me pides que me corte en mil pedazos, cada uno de mis pedazos abrirá la lengua para alabarte. ¡¿Qué es el destino?! Mustajeb Etsham o!?...

¡Oh eterna y eterna amada!

Ya sea que pertenezca al fuego o al cielo, te amo. No sé cuándo ni dónde, me diste un sorbo del agua ardiente de la luz del amor, y fluí de

(Balkh) a (Quniyeh), en la audiencia más oriental de los momentos, y hablé de ti (Maulavi) y en (Shams) me fundí en tu ser.

No sé por qué cada historia que leo es sobre la historia de amor entre tú y yo. No sé por qué miro a todos lados, te veo y no sé por qué en estos días todos los espejos me muestran solo a ti.

En la ola de mi voz, te veo

En mis susurros te veo

Esto no está funcionando, no mis ojos; Pero

Aquí, en mi lugar, te veo

El camino hacia ti...

Ibrahim Qibla Arbatán

La mañana llama a la puerta de los sueños y el olvido y me levanto a llamarte en el nuevo amanecer.

¡Oh médico de corazones! miro a la ventana de la naturaleza; Todos pueden postrarse e inclinarse. Los vientos te susurran en la calma de la mañana y los beduinos te cantan en su prístino silencio. Los árboles han dejado sus ramas al cielo y los pájaros mañaneros rezan por ti... Ahora yo; Con una bolsa llena de negligencia y pecado y eres un gran digno de alabanza, con las manos llenas de inscripciones (perdón de pecados) y (star al-youb). Tú perdonas y yo me convierto en agua en mi propia vergüenza.

¡Divino! He perdido mi camino en mil años de abandono.

Me he hundido en el pantano de los pecados.

¡Señor Yara! perdóname

Muéstrame una ventana que me lleve a mares y luces.

Dame una luz de despertar y autoconciencia, para que nunca pierda el camino para llegar a ti.

traerme de vuelta

Es tu misericordia la que me ha llevado a tu puerta.

Es tu perdón lo que he esperado y tu bondad lo que me ha avergonzado.

¡Oh, el perdonador de errores!

he confesado mis pecados

Aprende a disculparte por descuidar tu poder.

Mi vida está vacía de la fragancia de tu fe

Mis momentos se gastan todos en la oscuridad de la rebelión.

Con cada pecado, un velo de velos cae entre tú y yo

Cada vez me pongo más negro que antes y la última barrera no está muy lejos; ¡Ay de ese día y de ese momento!

¡Oh, que se quite la última cortina y mi mirada vergonzosa caiga a la luz de tu misericordia!

¡Guau, te alejaste de mí y de la negrura de estas vistas!

Que difícil es el momento en que me alejas y me dejas solo en tu oscuridad.

¡La carga de Dios!

¡Karim arrepentido!

Eres famoso por perdonar

Eres Khair al-Ghafarini y este nombre solo es adecuado para ti.

¡No hagas volver a tu bondad al que se desilusiona de tu misericordia!

¡Haz de esta la última cortina entre tú y mis pecados!

Que podamos levantarnos para compensar toda esta oscuridad con la ayuda de tu cuidado.

En un humilde lazo, ato mi angustia a mi deambular, más tonto que nunca. En los rincones de los que no tengo señal de ellos, tengo una persona perdida de la que no tengo señal, deambulo en lo desconocido sin una sola señal; Cada vez que giro, veo una señal de su ausencia, ¿dónde? ¿Qué lado? ¿En qué dirección debo dar un paso?

Te busco en mi angustia.

Te busco en lo más profundo de mis más fríos momentos de soledad. Te buscamos por los signos más oscuros; Tú, que eres pura luz, me he levantado a buscarte en rincones oscuros.

Impaciente, buscando mi horizonte luminoso, en el sol más negro que ha salido de detrás de las montañas más desilusionadas de mi existencia, en el pequeño espacio de mi alma, busco tu grandeza.

He suplicado en cada rincón para ver un atisbo de tu gloria.

¡Pobre de mí! Me ahogo en un sueño y todavía y siempre en un torbellino insatisfecho, pido el mar, estoy parado en la orilla y la sed me ha cortado la seguridad.

Tengo un camino por delante, cuyo destino está guiado por luces siempre encendidas, y he descansado mis pies en el pensamiento del destino.

paso a paso la estasis de los momentos que van y vienen en el circuito del tiempo para siempre; He permanecido en una órbita sin fin, solo esperando ser atraído por la atracción solar que eres tú.

¡Dios! Pongo mis manos solitarias en tus manos.

Me deshago de mi dolor poco a poco y lloro.

Eres el único que me advierte desde el silencio del grito; Tú conoces las heridas más ocultas dentro de mí.

Te llamo siempre y en todas partes.

Los latidos de mi corazón tocan la canción de tu servidumbre.

Sé que refugiarse en alguien que no seas tú es confiar en el viento.

Los agricultores y los agricultores de arroz, los árboles y los ríos, las nubes blancas y los pájaros cantores, todos cantan tus alabanzas.

¡Dios! Los callejones de Atefeh son callejones sin salida y las calles de Ine están bloqueadas.

Las ventanas polvorientas de mi corazón atesoran la lluvia incesante.

Mis capilares no pueden respirar y las células de mi alma son ajenas a la vida.

Sin ti, me acerco a mi fin; De esta manera, miro las raíces de mi existencia con un hacha en la mano.

Este aire inquieto, este cielo abandonado por el rayo, sólo se calma con la llovizna de tu bondad.

Encuéntrame para que pueda liberarme de toda esta vanidad y convertirme en tu orgulloso servidor.

¿Dime qué hacer con estos momentos grises, estos segundos inútiles?

El día que me sacaste de mi cielo y me tiraste por tierra, el día que el olor de la soledad llenó mis venas, sólo pensé en los horizontes de tu mirada y mi esperanza fue en el sol del perdón que encontraré en el amanecer del mundo.

Sin ti, valles interminables se abren bajo mis pies.

Tu recuerdo es la luz de mis noches sin luz y sin estrellas.

¡Caballero! Tengo miedo de estos días solitarios, del tamaño de todas estas jaulas que han desterrado el vuelo a una tierra lejana, de los continuos inviernos de sucesivas e interminables tormentas, de estos hilos que han abierto las ventanas de mi existencia.

Un sorbo de tu mirada es suficiente para revivir mis alas cansadas y tratar de volar.

yes

I want morebooks!

Buy your books fast and straightforward online - at one of world's fastest growing online book stores! Environmentally sound due to Print-on-Demand technologies.

Buy your books online at
www.morebooks.shop

¡Compre sus libros rápido y directo en internet, en una de las librerías en línea con mayor crecimiento en el mundo! Producción que protege el medio ambiente a través de las tecnologías de impresión bajo demanda.

Compre sus libros online en
www.morebooks.shop

KS OmniScriptum Publishing
Brivibas gatve 197
LV-1039 Riga, Latvia
Telefax: +371 686 204 55

info@omniscriptum.com
www.omniscriptum.com

Printed by Books on Demand GmbH, Norderstedt / Germany